18 Work Hacks

... für leane und agile Personalarbeit.

Erfahrungen aus fünf Jahren Peer Recruiting mit selbstorganisierenden Teams bei sipgate.
Von Tim Mois und Corinna Baldauf. Mit Fotos von Oliver Tjaden.

sipgate

CYBER
Bekleben verboten!
sipgate

Vorwort. Ressourcen? Menschen!

Ende 2016 haben wir unser erstes Buch „24 Work Hacks“ veröffentlicht. Die meisten Nachfragen gab es zum Thema „Peer Recruiting“ und wie das genau funktioniert. Daher liefern wir hiermit die Fortsetzung für alle, die sich für Personalarbeit interessieren: Wie stellt man Mitarbeiter für selbstorganisierende Teams ein? Wie trennt man sich von ihnen? Wie fördert man sie? Kurz, wie gelingt leane und agile HR?

Spoiler Alert: Bei uns liegen viele Dinge, die normalerweise Human Resources macht, eben nicht bei HR. Bei sipgate haben alle Mitarbeiter Personalverantwortung. Unser Personalteam „NurGutes“ unterstützt die cross-funktionalen Teams dabei, möglichst gute Entscheidungen zu treffen. Sie stehen uns als Ansprechpartner und Mentoren zur Seite. Sie geben ordentlich Gas in Sachen Organisationsentwicklung und hinterfragen stets den Status Quo. NurGutes macht inzwischen fast alles anders als klassische HR. „Hacking HR“ nennen wir das.

Apropos HR, das ist so ein schön kompakter Begriff. Leider suggeriert er eine Austauschbarkeit von Menschen, die uns schaudern lässt. Gerade in der Wissensarbeit sind Menschen und die Beziehungen zwischen ihnen eben nicht austauschbar. Ersetzbar ja, austauschbar nein. Weil wir uns kurz fassen wollen, verwenden wir den Begriff trotzdem, wenn auch zögerlich.

Um zu verstehen, in welchem Gesamtgefüge Peer Recruiting bei uns funktioniert, empfehlen wir, „24 Work Hacks“ vorher zu lesen. Unbedingt nötig ist es nicht, aber so holt man das meiste aus den Praxisbeispielen in diesem Buch heraus.

Viel Spaß beim Lesen!

Tim Mois ist Gründer und Geschäftsführer von sipgate. Seit 2010 treibt er die Transformation zu einem leanen und agilen Unternehmen voran.

Corinna Baldauf arbeitet bei sipgate und beschäftigt sich beruflich wie privat mit agilen Themen.

„NurGutes“ ist das Personalteam von sipgate, bestehend aus Carina, Michelle und Thu.

sipgate macht Telefonie für zu Hause, das Büro und unterwegs. Das Kernprodukt „sipgate team“ ist eine Telefonanlage in der Cloud. 2004 in Düsseldorf gegründet, hat sipgate heute 150 Mitarbeiter.

Thu.
NurGutes.
Ben.
Peer.
Tristan.
Peer.

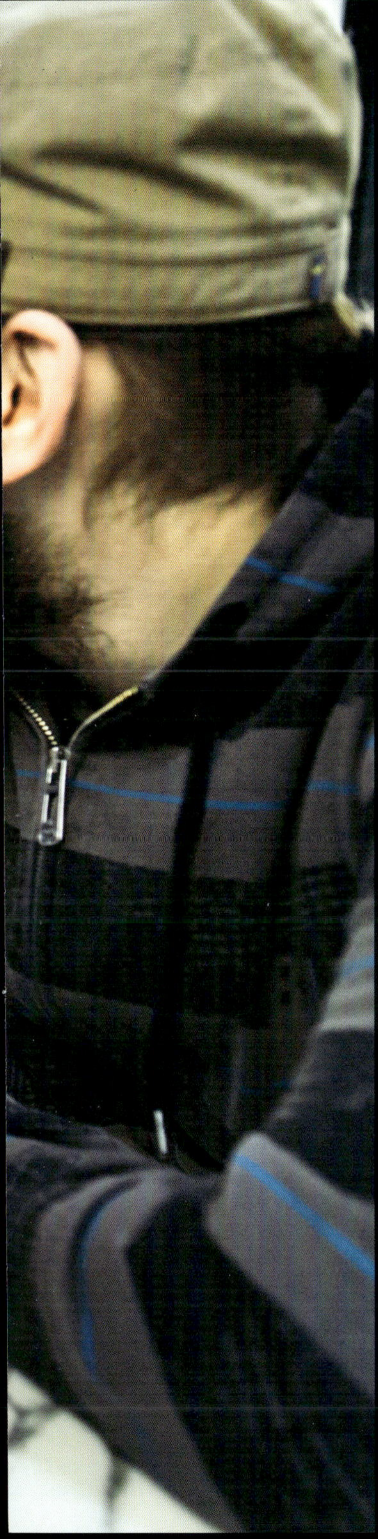

Teil A. Peer Recruiting.

Früher hat bei uns die Geschäftsleitung neue Mitarbeiter eingestellt. Das ist auch sonst üblich. Leitende Angestellte und jemand von der Personalabteilung führen Vorstellungsgespräche und entscheiden über Zu- und Absagen.

Bei genauerer Betrachtung ist das wenig sinnvoll: Diese Menschen wissen selten genau, wie der Alltag der Bewerber aussehen wird. Es ist schon etwas her, dass sie den Job selbst gemacht haben, wenn sie ihn überhaupt je gemacht haben. Sie haben also nur eine verschwommene Vorstellung von den nötigen Fähigkeiten. Sie müssen im Normalfall auch nicht tagtäglich mit „dem Neuen" zusammenarbeiten und auskommen.

Oftmals lernt der Neue erst zum Arbeitsanfang die Gruppe von Leuten kennen, mit denen er ab jetzt jeden Tag zusammensitzt. Und auch die Gruppe hat sich den Neuen nicht ausgesucht und ist vielleicht nur mäßig begeistert.

Es erscheint uns ziemlich verrückt, dass sich Gruppe und Neuer so wenig gegenseitig wählen. Unser Ansatz: Teams stellen neue Leute ein. Wir nennen das Peer Recruiting, von Peer = Fachkollege. Teammitglieder entscheiden über Einstellungen, weil sie die Anforderungen am besten kennen, schließlich machen sie den Job bereits.

Inzwischen umfasst Peer Recruiting deutlich mehr als nur Recruiting. Es fängt damit an, dass Teams entscheiden, ob sie neue Kollegen brauchen und geht weiter mit Stellenanzeige, Vorstellungsgespräch, Probearbeit, Einstellen, Einarbeiten und Feedback geben. Dabei werden sie von unserem Personalteam NurGutes unterstützt.

Bereit? Hier im Teil A beschreiben wir die einzelnen Schritte im Detail. Anschließend gehen wir im Teil B auf das Mindset ein, das man für erfolgreiches Peer Recruiting braucht.

Wen brauchen wir?
Und wenn ja, wie viele?

01.
Darf es einer mehr sein?

Woher wissen wir, ob wir neue Mitarbeiter brauchen? Hauptsächlich ergibt sich unser Personalbedarf aus dem Bedarf eines jeden Teams. Kann es gut arbeiten oder spürt es Lücken?

Außerdem ergibt es sich aus der Strategie: Die Geschäftsleitung sagt insgesamt an, ob wir als Firma momentan wachsen wollen oder nur Mitarbeiter ersetzen, die uns verlassen.

Jeden Mittwoch treffen sich alle Product Owner und die Geschäftsleitung auf dem Flur und klären unter anderem, ob die aktuelle Besetzung der Teams passt oder nicht. Das Ergebnis prangt für alle sichtbar auf einem großen Board. Dort hängen alle Teams und ihre Mitglieder. Bei jedem Team steht dabei, wie viele Leute darin sind und ob sie gerne mehr wären. Wenn ja, schreiben wir die gesuchte Rolle dazu.

Ein normales Team ist drei bis zwölf Leute groß. Größer machen wir ungern, weil die Kommunikation schwierig wird. Ein so großes Team würde eher prüfen, ob sich Themen gut trennen lassen und sich in zwei kleine Teams aufteilen. Oder sich je nach Aufgabe tage- oder wochenweise zu Unterteams zusammensetzen. Das organisieren die Menschen in den Teams selbst, ohne Manager.

Wenn ein Team mehr Kollegen braucht und das auch strategisch gewollt ist, versuchen wir als erstes, die Stelle intern zu besetzen. Wenn das nicht geht, steht jemand aus dem suchenden Team bei NurGutes auf der Matte.

NurGutes hilft dem Team zu hinterfragen, ob es wirklich jemanden braucht. An dieser Stelle haben wir als Unternehmen einen Riesenhebel, um uns zu verbessern. Wir optimieren dann Abläufe und automatisieren Dinge weg. 2014 hat ein Team ein Jahr lang nur Bugs und irreführende Benutzeroberflächen repariert und damit die anfallenden Tickets in der Kundenbetreuung halbiert. Das ist schöner für unsere Kunden und skaliert besser, als Leute einzustellen, die Arbeit machen, die man allen Beteiligten ersparen kann. Wir ziehen sinnerfüllte Arbeit vor.

Und wenn wir wirklich jemanden brauchen? Dann geht's los mit der Stellenanzeige.

Team.
Steht dahinter.
Lina.
Formuliert.

02.
Wir schreiben aus.

Wir haben unsere neuesten Kollegen befragt, was an unseren Stellenanzeigen anders ist als bei anderen. Die Antwort: „Wir". Also das Wort an sich.

In unseren Stellenanzeigen steht nicht: „In dieser Abteilung werden Sie …" oder „Bei sipgate erwartet Sie …". Wir schreiben immer „wir" und „bei uns". Das ist so selbstverständlich, dass es alten Hasen niemals aufgefallen wäre. Warum fließt uns das so natürlich aus der Feder?

Weil es stimmt. Hinter jeder Stellenanzeige sitzt ein Team, das Zuwachs sucht, und hat an den Formulierungen getüftelt. Und die schreiben natürlich von sich selbst als „wir" und vertreten damit die gesamte Firma.

Das suchende Team überlegt genau, was der neue Kollege denn eigentlich konkret machen soll. Welche Lücke ist spürbar? Und welche Fähigkeiten braucht man, um diese Aufgaben erfolgreich zu übernehmen? Das ist übrigens eine hervorragende Gelegenheit, über die eigene Rolle nachzudenken und zu reflektieren, ob sie sich in die richtige Richtung entwickelt.

Aber zurück zur Stellenanzeige: Gemeinsam mit NurGutes zurrt das Team den genauen Wortlaut fest. Entweder polieren wir einen vorhandenen Anzeigentext auf oder schreiben etwas komplett Neues.

Verschiedenen Teams und Rollen sind verschiedene Dinge wichtig. Dadurch sind unsere Stellenanzeigen alle leicht unterschiedlich. Das ist völlig okay so. Gemeinsam haben sie, dass wir keine Liste mit Zertifikaten und Abschlüssen abhaken. Wir möchten Menschen kennenlernen.

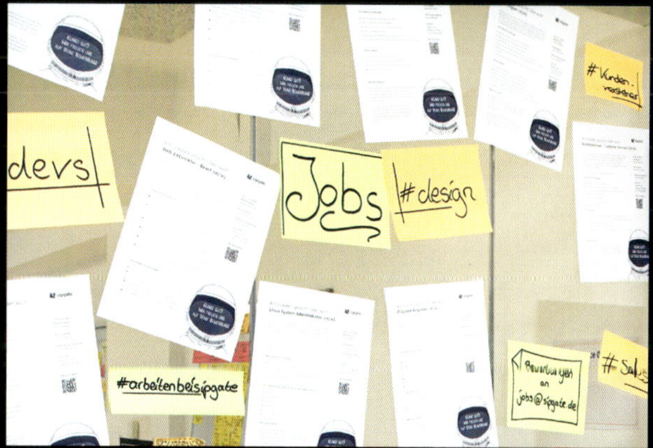

Sobald die Anzeige steht, schaltet NurGutes sie. Bei den großen Online-Stellenbörsen wie Monster und StepStone passten die Bewerber in letzter Zeit nicht so gut. Daher schalten wir momentan vor allem Anzeigen bei Xing und schreiben auf Portalen aus, die für die jeweilige Rolle interessant sind.

Unsere Absagen
&
WIE UNSERE BEWERBER DAS FINDEN
HIER BEFINDET SICH MINDESTENS EIN
FLEXIBLER ARBEITSPLATZ
NUR EINE REGEL: LASS NICHTS PERSÖNLICHES LIEGEN, WENN DU IHN VERLÄSST
Danke.
Für die Absage.

03.
Absagen, die weiterbringen.

Bei uns dreht sich ganz viel ums Lernen. Wir wollen immer besser werden, jeder individuell und damit insgesamt als Firma. Die gleiche Chance wollen wir auch den Menschen geben, die sich bei uns bewerben.

Darum schreiben wir bei Absagen den Grund dazu, aus dem wir uns gegen einen Bewerber entschieden haben. Dieses Feedback ist super wertvoll und man bekommt es sonst kaum, weil die meisten Angst haben, verklagt zu werden. Dabei sagen wir aus nachvollziehbaren Kriterien ab: weil sich das Anschreiben offensichtlich auf eine andere Firma bezieht oder die Arbeitsproben nicht die Fähigkeiten demonstrieren, nach denen das Team sucht. Solche Gründe kann man ruhig mitteilen.

Damit wir inhaltlich auf eine Bewerbung eingehen können, gehen die Bewerbungen nach einem initialen Screening an das suchende Team weiter. Das Team bewertet dann die Bewerbungen fachlich. Es notiert kurz die Gründe für Absagen oder Einladungen, damit Nur-Gutes hinterher ausformulierte Antworten und – für manche Rollen – Hausaufgaben verschicken kann.

Wir lassen Bewerbungen nie auf Halde liegen, so nach dem Motto: „Falls die ersten drei nicht passen, gucken wir da noch mal rein." Wir entscheiden immer innerhalb einer Woche, ob jemand in die nächste Runde kommt. Wir sagen ab oder laden ein. Eins von beidem. So hängen Bewerber nicht in der Luft.

Das machen wir schon seit drei Jahren so. Abgelehnte Bewerber finden heraus, wo sie sich verbessern können. Das wissen viele zu schätzen. Wir bekommen sogar Dank-E-Mails. Für Absagen! Fürs Protokoll: Wir sind bisher nicht verklagt worden. Juhuu!

Sebastian.
Peer.
Carina.
NurGutes.
Bewerber.
Leicht nervös.
Floppy.
Peer.
AGENDA PORTFOLIO MITTWOCH
Kick Off
BEWERBER

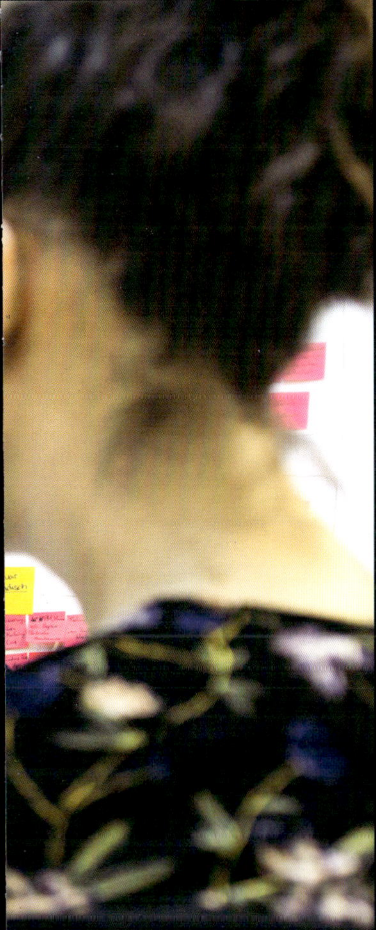

04.
Gestatten, Team.

Kannst du dich an dein letztes Vorstellungsgespräch als Bewerber erinnern? Jetzt stell dir vor, da hätten fünf Interviewer gesessen. Klingt erst mal gruselig, oder?

Dabei ist das total sinnvoll. Bei uns stellen diejenigen neue Mitarbeiter ein, die genau wissen, welchen Job sie machen sollen und die hinterher jeden Tag mit ihnen arbeiten werden. Ja genau, die Teams führen Vorstellungsgespräche selbst. Zumindest eine repräsentative Auswahl aus drei oder vier Teammitgliedern aus verschiedenen Rollen, sowohl der gesuchten als auch anderen. Plus jemand von NurGutes, um den Rahmen zu geben und einen neutralen Blick zu haben. Im Durchschnitt führen wir ein Vorstellungsgespräch mit vier bis fünf Leuten.

Damit Bewerber angesichts der großen Runde nicht vor Schock aus den Latschen kippen, bereiten wir sie schon in der Einladung darauf vor. Darin steht auch, dass man in Alltagsklamotten kommen soll. Wir tun alles, damit es eine normale Unterhaltung und kein Tribunal wird.

Die Bewerber suchen sich selbst aus, wo sie am runden Tisch sitzen wollen. Wir stellen uns zuerst selbst vor. Dazu reicht uns ein Satz mit Namen und Rolle. Die Firma stellen wir nicht vor. Das heben wir für die anschließende Führung auf.

Nachdem sich der Bewerber vorgestellt hat, moderiert NurGutes kurz an, damit ein spannendes Gespräch entsteht. Alle, die am Tisch sitzen, haben den Lebenslauf gelesen, so dass sich Bewerber nicht wie Fließbandware fühlen. In einem halbstündigen Gespräch möchten wir den Menschen hinter dem Lebenslauf kennenlernen. Im Anschluss führen wir Bewerber 30 Minuten durch unser Büro und erzählen von unserer Arbeitsweise. So können sich Bewerber überlegen, ob sie so arbeiten möchten.

Genauso wie sich alle Kollegen vor dem Gespräch kurz abstimmen, wer welchen Teil übernimmt, wird nach dem Verabschieden direkt geklärt, wie es weitergeht. Lauwarme Zustimmung genügt nicht. Wenn es ein Veto gibt, muss einer der Peers die Absage übernehmen. Ab diesem Punkt sagen wir übrigens nicht mehr per E-Mail ab, sondern telefonisch und mit Begründung.

Simon.
Arbeitet Probe.
Caro.
Hat noch was.

05. Probearbeiten.

Nicht jeder kann sich unter agiler Arbeitsweise sofort etwas vorstellen. Früher haben wir oft erst in der Probezeit gemerkt, wenn jemandem unsere Arbeitsweise nicht lag. Zu dem Zeitpunkt haben beide Seiten schon viel investiert. Auch wenn die Probezeit im Notfall dafür da ist, ist eine Entlassung sehr unangenehm. Wir investieren unsere Zeit und Kraft lieber vorher.

Bewerber, die uns im Vorstellungsgespräch überzeugen, bitten wir, 1-2 Tage bei uns probezuarbeiten. So erleben Bewerber unseren Alltag und wir die Zusammenarbeit.

Gerne schaffen wir Situationen, die bei uns anders gelebt werden, als die Rolle anderswo geprägt ist. Beispielsweise wird Kundenbetreuern bei anderen Arbeitgebern Eigeninitiative oft abtrainiert. Bei uns brauchen sie die dringend. Also bauen wir ein entsprechendes Element ein.

Egal, welche Aufgaben wir vorbereiten, sie sind weitestgehend echt. Es sind Aufgaben, die gerade anstehen und die wir in nächster Zeit sowieso gemacht hätten. Sie sind nicht künstlich herbeikonstruiert. Die Bewerber bearbeiten sie nicht allein, sondern mit jemandem zusammen, mit dem sie auch später zusammenarbeiten würden.

Beim Probearbeiten sind alle entspannter als im Vorstellungsgespräch, weil der Zwang, sich in 30 Minuten möglichst gut zu präsentieren, wegfällt. In zwei Tagen hat man genug Zeit, Patzer auszugleichen. Wir bekommen einen guten Eindruck, wie Bewerber argumentieren, ob sie strukturiert arbeiten und wie sie ins Teamgefüge passen. Wir beenden jeden Probearbeitstag mit einer Feedbackrunde mit dem Bewerber.

Für die Bewerber ist die Frage hinterher: „Möchte ich so arbeiten?“ Für uns lautet sie: „Würde ich mich freuen, wenn die Person morgen anfängt? Würde sie uns weiterbringen?“ Je früher beide Seiten abklopfen, ob es passt oder nicht, desto mehr Zeit und Frust erspart man allen. Denn jetzt hat noch niemand sein Leben umgekrempelt.

Wenn es nicht gut lief, muss sich jemand, der die Probearbeit begleitet hat, opfern und die traurige Botschaft überbringen. Wenn es gut lief, reißen sich die Leute darum, die frohe Botschaft mitzuteilen.

Gehaltsmodell updaten.
Aber wie? Was ist fair?

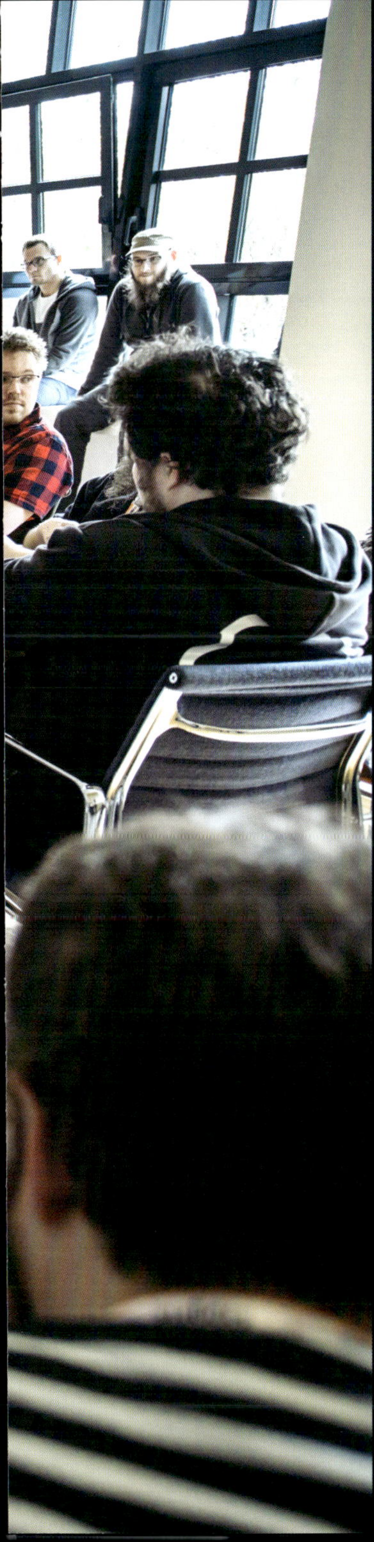

06. Gehaltsmodell.

Vor 2016 gab es bei uns einen Bruch in den Vorstellungsgesprächen. Erst sprichst du mit dem Team, das dich einstellen will. Wenn das Team zusagt, kommt die Geschäftsleitung und verhandelt das Gehalt. Das war unschön und mit jedem Mitarbeiter das Gehalt individuell zu vereinbaren, führte nicht zu fairen Gehältern. Wer gut verhandelte, bekam tendenziell mehr als zögerliche Verhandler – bei gleicher Leistung in der gleichen Rolle.

Heute haben wir ein Gehaltsmodell. Zwei Menschen in der gleichen Rolle, mit gleicher Berufserfahrung und die gleich lang bei sipgate arbeiten, verdienen exakt gleich viel. Keine Gender Pay Gap, kein „wer jedes Jahr nach 'ner Gehaltserhöhung fragt, kriegt auch mehr." Sonderlocken wie z. B. Firmenwagen haben wir abgeschafft.

Das „richtige" Gehalt zu bestimmen, ist Aufgabe der Geschäftsleitung und NurGutes. Die Gehälter innerhalb einer Rolle müssen hoch genug sein, dass wir jederzeit fähige Leute einstellen können. Doch nicht so hoch, dass Leute nicht mehr zu anderen Arbeitgebern wechseln. Wer keine Leidenschaft mehr spürt, soll nicht wegen des Geldes bei uns bleiben.

Das Modell wird jedes Jahr angepasst. Um das Basisgehalt jeder Rolle festzulegen, betrachten wir Gehaltsstudien, Wechselgehälter und Gehälter bei befreundeten Firmen. Mit dem Gehalt, das dabei hinten rauskommt, sind nicht immer alle zufrieden. Doch dank der Gehaltsformel können wir über das Tabu-Thema Gehälter sprechen und gegebenenfalls anpassen – für alle, nicht nur für Einzelpersonen. Das Modell sorgt dafür, dass unsere Kriterien für alle fair angewandt werden – für Neueingestellte und alte Hasen gleichermaßen.

Wenn jemand beim Einstellungsgespräch mehr will, gucken wir, ob wir unser Modell anpassen müssen. Aber wenn das Modell an sich passt, riskieren wir nicht das Gesamtgefüge und die Fairness zwischen allen, nur um einen einzelnen Menschen einzustellen.

Wir legen großen Wert darauf, dass das Gesamtpaket stimmt. Außer dem Gehalt gibt es jeden Tag fantastisches Essen in unserem Restaurant (kostenfrei!), jede Menge Weiterbildung und ein inspirierendes Umfeld mit tollen Kollegen.

Liebe Melle,
wir freuen uns schon
auf Dich!
Wir freuen uns.
Wie Bolle!

07.
Willkommen.

Wir haben jemanden eingestellt, juhuu! Beide Seiten haben unterschrieben und sind sich einig. Toll! Und jetzt? Jetzt muss unsere neue Kollegin erst mal die Kündigungsfrist bei ihrem alten Job einhalten. Und das kann dauern … Früher galt: „aus den Augen, aus dem Sinn“. Inzwischen tun wir einiges, um während des Schwebezustands zwischen Einstellung und Arbeitsanfang verbunden zu bleiben.

Ein liebevolles Detail dabei ist die handgeschriebene Willkommens-Karte. Zwei Wochen bevor es mit der Arbeit so richtig losgeht, bekommt die neue Kollegin eine Karte von uns. Darauf steht eine kurze Notiz, wie sehr wir uns auf sie freuen. Unterschrieben von uns allen. Naja, nicht allen, aber schon ziemlich vielen. Vielleicht so 50? Wem man so bei der Kaffeemaschine aufgelauert hat.

„Hier unterschreib mal. Ist für die Melle, die fängt am 1. bei uns im satellite-Team an. Macht Social Media.“ „Wie schön! Gib her, mach ich gerne.“ Das bereitet schon mal alle auf die neue Kollegin vor.

Falls es eine Veranstaltung gibt, denken wir an unsere Neuen. Das gilt für firmenweite Veranstaltungen wie Weihnachtsfeier und insbesondere Team-Events. Wenn kein solches Event in die Wartezeit fällt, dann eben nicht. Aber wenn doch, prima, dann kann man sich schon mal etwas kennenlernen.

Unser letzter Kniff ist das Willkommens-Board. Dor hängen wir die Konterfeis der neuen Kollegen auf, kom plett mit Name, Rolle, Team und wann sie bei uns an fangen. So wird man schon am ersten Tag von manchen alten Hasen mit Namen begrüßt. Das ist, und wir zitierer wörtlich: „Bisschen creepy, aber auch voll schön.“

Pia.
Engagierte Patin.

08.
Der Pate.

Endlich! Das Warten hat ein Ende und die neue Kollegin fängt an. Wie läuft der erste Tag bei uns ab?

Wenn die neue Kollegin ankommt, stehen schon Blumen und Pralinen auf ihrem Platz. Diese Wertschätzung gibt den Ton an, für den Rest unserer gemeinsamen Zeit.

Neben Blumen und Schoki liegt ein Guide mit Basis-Infos und Links zu den wichtigsten Themen wie sipgate Historie, Formalkram, welche Teams es gibt und wie man sie erreicht.

Am allerwichtigsten ist aber der persönliche Pate. Jemand aus dem Team, idealerweise mit der gleichen Rolle, der wirklich jede Frage beantwortet. Außerdem hält der Pate schon den Laptop und wichtige Logins parat.

Natürlich kann man immer jeden im Team fragen, aber als Neue hat man oft Hemmungen. Man denkt, es seien nun echt zu viele oder einfach zu blöde Fragen. Gottseidank ist der Pate genau dafür da. Und nicht nur ganz am Anfang. Der Pate steht seiner „Patentierten" für die ganzen sechs Monate Probezeit zur Seite. Auch danach ist das Verhältnis oft noch eng.

Paten begleiten und coachen neue Kollegen etwas mehr als der Rest des jeweiligen Teams. Sie organisieren auch die obligatorischen Feedbackgespräche, damit die Neuen von mehreren Seiten Rückmeldungen zur eigenen Arbeit bekommen.

Ja, genau.
Pair doch mal mit Ben.

09.
Peer Feedback.

Früher bekam man kaum Feedback zur eigenen Arbeit, weder Lob noch Kritik. So hing man ein bisschen in der Luft. Schade, denn Feedback von Kollegen, die die eigene Arbeit sinnvoll einschätzen können, ist wertvoll und nötig, um sich weiterzuentwickeln.

Seit 2012 bekommen neue Kollegen in der Probezeit regelmäßig Feedback, damit sie wissen, wie sie ins Gesamtgefüge passen – jeweils nach zwei und nach vier Monaten. So haben sie genug Zeit, bei Problemen gegenzusteuern.

Der Pate lädt einen effektiven Mix an Feedbackgebern ein: Mitglieder des eigenen Teams, Leute in der gleichen Rolle aus anderen Teams und Kollegen aus anderen Rollen.

Diese Gruppe trifft sich und sammelt Feedback in drei Kategorien: Keeps („Was macht die Kollegin gut?"), Ideas („Wo ist Entwicklungspotential?") und Highlights („Was macht die Kollegin toll und einzigartig?"). Sie diskutieren ihre Punkte und einigen sich auf eine Botschaft an die Neue. Dann bitten sie die neue Kollegin dazu und geben ihr gemeinsam Feedback. Die Neue kann bei Fragen fragen und die Ideen diskutieren. Rechtfertigen muss und soll sie sich nicht.

Jemand von NurGutes moderiert das Gespräch. Eine abschließende Bewertung oder ein Protokoll in der Personalakte gibt es aber nicht.

Feedback unterstützt die persönliche Entwicklung des Einzelnen und ist ganz bewusst kein Verwaltungsakt.

Trotzdem kann es weitreichende Konsequenzen haben: Es entscheidet mit darüber, ob wir neue Kollegen aus der Probezeit in ein reguläres Arbeitsverhältnis übernehmen oder nicht.

Darum ist es wichtig, auch im Alltag viel Feedback zu geben und es nicht bis zu den expliziten Feedbackgesprächen „aufzusparen". Früher ist besser.

Entlassen.
Tut allen weh.

10.
Entlassen.

Jetzt geht es ans Eingemachte. Bei Führungen werden wir oft gefragt, wie wir mit „Low Performern“ umgehen. Für uns gibt es keine Low Performer, nur Leute mit dem falschen Job oder den falschen Aufgaben. Es gibt für jeden den passenden Job, allerdings nicht unbedingt bei uns.

Wenn Teams merken, dass es mit jemandem nicht (mehr) so richtig klappt, gucken wir gemeinsam, wie man die Situation verbessern kann. Temporäre Krisen sind okay. Da kommen wir gemeinsam durch. Eine Entlassung ist immer der letzte Schritt einer langen Kette. Aber wenn es nicht mehr anders geht, scheuen wir uns nicht davor.

Wir haben nicht nur Verantwortung gegenüber der entlassenen Person, sondern auch allen anderen Kollegen gegenüber. Eine einzige Person kann ein ganzes Team runterziehen. Jemand, der Aufgaben lieber zugewiesen bekommt als sie aktiv zu ziehen, passt nicht zu uns, ist aber nicht per se „schlecht“. Wir helfen dabei, eine geeignetere Stelle zu finden. Eine Kündigung ist im Nachhinein für die Betroffenen meist positiv: der Anstoß, Dinge zu tun, die einem wirklich liegen.

Die Entscheidung zu entlassen kommt zu 99% aus den Teams und kristallisiert sich in Feedbackgesprächen und Team-Retrospektiven heraus. Eine Einzelperson kann niemanden entlassen, ein Team schon. Dieser Prozess mit Reparaturversuchen wird von NurGutes begleitet.

Wenn nichts fruchtet, führt jemand aus dem Team und jemand von NurGutes das Entlassungsgespräch.

Hier schließt sich der Kreis. Personalentscheidungen werden nur besser, wenn diejenigen, die die Einstellungsentscheidung fällten, auch die Schmerzen spüren, wenn es schiefgeht. Jemand, der schon einmal so ein schwieriges Gespräch führen musste, weiß genauer, worauf es uns bei neuen Kollegen ankommt.

Wenn die Details geregelt sind und der Kollege nicht mehr zur Arbeit kommt, gehen zwei Team-Mitglieder durch die Firma und sagen in jedem Team kurz Bescheid. So verhindern wir, dass die Gerüchteküche brodelt und das mulmige Gefühl, dass Leute „einfach verschwinden“.

Philipp.
Umfassend gebildet.

11.
Immer besser werden.

Die Welt dreht sich gefühlt immer schneller. Also müssen wir schneller lernen als andere und das Gelernte umsetzen, um Produkte zu bauen, die im Wettbewerb bestehen.

Wie sieht Personalentwicklung aus, die das unterstützt? Für uns kann die Lösung keinesfalls ein Katalog vorausgewählter Angebote sein. Oder eine Anordnung vom Chef. Lernen klappt am besten, wenn alle das Thema selbst wählen können.

Sehr kostengünstig geht das mit Büchern. Wer ein Buch möchte, füllt ein Mini-Formular aus und dann wird es einfach – ohne weitere Genehmigung – bestellt. Nach dem Lesen schmückt es unsere Bibliothek und wartet auf weitere Interessierte. 2017 haben wir knapp 17.000 Euro für Bücher ausgegeben, also 130 Euro pro Mitarbeiter.

Wesentlich krasser ist, dass wir jeden ermutigen, mindestens zwei Weiterbildungen im Jahr zu machen: Seminare, Konferenzen, Workshops, you name it!

Konsequenterweise sucht sich jeder die Weiterbildungen selbst aus. Man spricht mit seinem Team ab, ob das Thema sinnvoll ist und der Termin passt. Dann guckt man, ob jemand mit möchte. Alle gehen in sich, ob sie auch mitfahren würden, wenn es in Trier statt London stattfände. Wenn die Gruppe steht, bucht man Anreise und Hotel per Online-Assistent. Fertig.

Wenn auf der Konferenz ein fantastischer Sprecher war, holen wir die Person für einen Inhouse-Workshop plus öffentlichen Vortrag zu uns.

Das neu gewonnene Wissen muss man weitergeben – 1:1 beim Pairen, schriftlich zusammengefasst oder live am Open Friday, unserem Weiterbildungstag alle zwei Wochen.

Was das kosten mag? 2017 haben wir knapp 450.000 Euro für Weiterbildung ausgegeben. Macht etwa 3.500 Euro pro Nase. Da ist von der gigantischen „Agile" in den USA über Inhouse-Workshops bis zu den Datenschutztagen in Wiesbaden alles dabei.

Marcel.
Berät spielend.

Teil B.
Respekt und Vertrauen.

In den 80ern sind Manager nach Japan gepilgert, um dort zu lernen, wie Lean Production funktioniert. Nach Hause gekommen sind sie mit konkreten Praktiken wie Just-In-Time. Diese einzelnen Methoden haben sie umgesetzt und es lief auch ein bisschen besser, aber durchschlagende Erfolge blieben aus. Denn die Manager hatten nur die Praktiken mitgebracht. Die zugrunde liegenden Werte und Prinzipien hatten sie nicht bemerkt. Und ohne die funktioniert es nicht mal halb so gut.

Es bringt also nichts, Peer Recruiting zu kopieren, ohne das Mindset dahinter zu verstehen. Ohne Respekt und Vertrauen als Basis landet man in der Best-Practice-Falle.

Unsere Kollegin Frieda sagt immer: „Behandle Menschen wie Erwachsene, dann verhalten sie sich auch so.“ Diese Grundhaltung zieht sich bei uns durch alles. Respekt vor den Menschen, die die Arbeit machen, indem sie Entscheidungen für ihren Bereich selber treffen. Respekt vor Kunden und Zulieferern, die wir als Partner verstehen.

Die allermeisten Menschen möchten einfach einen guten Job machen. Und den machen sie auch, wenn wir sie lassen. Daher versuchen wir, einen sinnvollen Rahmen abzustecken, statt Regeln einzuführen. Wenn wir denken, dass wir eine neue Regel brauchen, schauen wir, ob es sich nicht nur um einen Einzelfall handelt. Bei Einzelfällen bringt es nämlich mehr, mit dem auffälligen Kollegen direkt zu sprechen, anstatt 149 Kollegen zu reglementieren, obwohl die sich gar nicht komisch verhalten haben.

Regeln suggerieren, man habe alles unter Kontrolle – obwohl man jede Regel umgehen kann. Je sinnloser die Regel, desto eher wird sie umgangen. Mit solchen Spielchen verschwenden Menschen ihre Arbeitszeit.

Durch weniger Regeln sparen wir einerseits Frustration und andererseits Geld, was wir sonst für die Kontrolle der Regeln ausgegeben hätten. Denn wir kontrollieren nicht, ob jemand sinnvolle Entscheidungen trifft. Jedenfalls nicht zentral. Es ist niemandes Job, andere zu kontrollieren. Es ist dein Job, sinnvolle Entscheidungen für dich selbst zu treffen. Große Macht, große Selbstverantwortung.

Wenn das schiefgeht, gibt es als Fallback das Team, um Ausreißer einzufangen. Wenn ein Team diese Verantwortung nicht wahrnimmt, hält ihnen der Scrum Master den Spiegel vor. Doch meistens klappt es.

Was schaffen.
Intrinsisch motivierend.

12. Echte Motivation.

Jahresgespräche und Reviews waren wahrscheinlich mal eine gut gemeinte Idee, damit Mitarbeiter Feedback zu ihrer Arbeit bekommen. Aber inzwischen gibt es ausreichend Studien, die beweisen, dass sie hauptsächlich demotivierend wirken, weil fast alle schlechter abschneiden als erwartet.

Auch individuelle Zielvereinbarungen und Boni wirken demotivierend: Sie ersetzen langfristige intrinsische Motivation – Autonomie, Können, Sinn – mit extrinsischer Motivation – Geld und Titel. Das Problem daran? Bei Wissensarbeit wirkt extrinsische Motivation nur sehr kurz und verkehrt sich dann ins Gegenteil, weil sie die intrinsische Motivation kaputtmacht.

Zusatzproblem: Wenn es Zahlen gibt, an denen mein Bonus hängt, dann werde ich diese Zahlen wohl schaffen, auf Biegen und Brechen. Egal, ob das aus der Sicht des Unternehmens sinnvoll ist und ob ich dafür was schönrechnen muss. Wenn sich Leute sehr komisch verhalten und man nicht genau versteht wieso, einfach mal deren Zielvorgaben angucken. Plötzlich macht es Sinn …

Darum gibt es bei uns weder jährliche noch individuelle Zielvereinbarungen. Jährliche nicht, weil es bei uns sinnvoll ist, Ziele öfter anzupassen. Und individuelle nicht, weil man selten etwas allein schaffen kann. Manchmal gibt es Teamziele, aber eher als Metrik zur Orientierung, ob es in die richtige Richtung geht. An den Zielen hängen weder Boni noch Gehälter. Schon allein, weil es keine Boni gibt.

Es gab bisher jedes Jahr Weihnachtsgeld. Für alle die gleiche Summe, egal ob 30k oder 70k Euro Jahresgehalt. Statt in Boni investieren wir in gemeinsame Ressourcen wie unseren Innenhof, den wir von der Betonwüste zum Naherholungsgebiet umgebaut haben.

Wie gehen wir dann mit Unterschieden in der Leistung um? Wir arbeiten lieber daran, dass die Unterschiede klein sind, weil einfach alle gut sind. Denn wenn der Unterschied nach unten so offensichtlich und so groß ist … Warum arbeitet die Person dann noch hier?

Und nach oben? Dass Leute richtig viel erreichen ist die Norm. Erfreulicherweise!

Zusammen arbeiten.
Voneinander lernen.

13.
Karrierebrücke.

Wenn es kein mittleres Management gibt, gibt es auch nichts, wohin man aufsteigen kann. Das Schöne daran: Politisches Kalkül und Stühlesägen entfällt. Man kann bedenkenlos die besten Bewerberinnen und Bewerber einstellen. Wir können unsere ganze Kraft auf die Produkte richten statt auf Grabenkämpfe.

Das Blöde daran: Wo entwickelt man sich dann hin? Offensichtlich gibt es keine Karriereleiter, die man sich hocharbeiten kann. Wer auf Titel und Status Wert legt, ist bei uns falsch. Man kann sich trotzdem weiterentwickeln – in die Tiefe durch fachliche Fortbildungen oder in die Breite durch Schnuppern in andere Rollen.

Interessanterweise beschreibt schon der Lean-Klassiker „The Machine that Changed the World" aus den 80ern, dass eine „leane Karriere" oft Stationen in verschiedenen Rollen beinhaltet. So bekommt man Weitblick, lernt, was wichtig ist und worauf andere Rollen Wert legen.

Dabei hilft uns die cross-funktionale Aufstellung der Teams. Man erlebt jeden Tag die Fähigkeiten und Methoden von Kollegen, die einen ganz anderen Job machen als man selbst. Wenn man diesen Job ausprobieren will, ist ein temporärer Rollenwechsel nach Absprache möglich. Wenn das gut funktioniert, auch ein permanenter.

Weitaus häufiger als ein Rollenwechsel ist es allerdings, in seiner eigenen Rolle immer besser zu werden. Dafür gibt es bei der Arbeit reichlich Gelegenheit, z. B. beim Pairing – wir arbeiten oft zu zweit an einem Rechner an der gleichen Aufgabe. Oder am Open Friday: Jeden zweiten Freitag kann bei sipgate jeder machen, was er oder sie für am wertvollsten für die Firma hält. Wir treffen uns alle morgens um 10 Uhr und bauen ein spontanes Konferenzprogramm für den Tag. Man kann jedes Thema mitbringen und in einer Session bearbeiten. Dadurch lernen wir viel voneinander. Und bei externen Trainings, Weiterbildungen und Konferenzen holen wir uns frischen Input.

Glücklicherweise muss man bei uns nicht Karriere machen, um das eigene Schicksal zu bestimmen. Man hat von Anfang an viel Einfluss, sowohl auf den eigenen Weg als auch auf andere Bereiche der Firma. Es gibt keine abgrenzenden Titel à la Junior, Backend, Architect etc. Dadurch sind alle frei, Neues auszuprobieren. Wenn man weitgehend selbstbestimmt arbeitet, braucht man keinen wichtig klingenden Titel als Trostpflaster.

Peter.
Entwickler.

14. Ad-Hoc Leadership.

Wir haben kein mittleres Management. In unseren Teams ist niemand der Boss von irgendjemand anderem. Leute, die das hören, denken oft, wir seien führungslos. Dabei ist das Gegenteil der Fall. Bestimmte Rollen wie Product Owner oder Scrum Master haben eine Führungsaufgabe, auch wenn sie nicht weisungsbefugt sind. Product Owner bestimmen, was wir bauen werden. Scrum Master helfen Teams, immer besser zu werden.

Doch auch alle anderen Teammitglieder übernehmen – wenn es in der Situation passt – die Führung. Denn wenn du es nicht machst, macht es vielleicht keiner. Und da alle unterschiedliche Sachen wichtig finden, verteilt sich die Verantwortung ziemlich gut.

Die Hälfte der Kollegen wäre woanders vermutlich Team Lead. Sie machen hier alles, was man sich da so wünscht. Sie übernehmen proaktiv Verantwortung, präsentieren souverän Ergebnisse vor 100+ Leuten, geben konstruktives Feedback, können Gruppengespräche moderieren und sind reflektiert.

Davon abgesehen haben wir durchaus Hierarchien. Zum einen die formale mit zwei Ebenen: die Geschäftsleitung und alle anderen. Irgendjemand muss halt im Handelsregister stehen. Außerdem gibt die Geschäftsleitung den Rahmen vor, innerhalb dessen alle autonom entscheiden.

Zum anderen gibt es unendlich viele Kompetenz-Hierarchien. Wer mehr Erfahrung und Können bei einem Thema hat, hat auch mehr Einfluss auf Entscheidungen. Wir arbeiten daran, dass das für jedes Thema gilt, egal ob es sich um Unternehmensstrategie, Java oder Fachmessen handelt.

Wir sagen übrigens absichtlich nicht „Agile Leadership“. Der Begriff wird oft missbraucht und beschränkt sich dann darauf, von „Empowerment“ zu faseln und Hierarchie-Ebenen und Reporting-Strukturen genauso zu lassen, wie sie vorher waren. Wasch mich, aber mach mich nicht nass …

Und was haben wir von der flachen Hierarchie? Wir schöpfen unser Potenzial voll aus. Jeder übernimmt Verantwortung. Wir können schnell entscheiden. Wir verlieren kaum Zeit für politische Spielchen und Postengeschacher. In der Zeit können wir produktiv arbeiten. Es geht tatsächlich meist um die Sache, und das macht Spaß.

Konrad.
Gut drauf.

15.
Feel Good zum Selbermachen.

In manchen Konzernen gibt es Abteilungen, die sich Maßnahmen zur Steigerung der Mitarbeiterzufriedenheit ausdenken. Für Leute, die sie nie getroffen haben. Weil man in einem Konzern mit 17.000 Menschen vielleicht nicht genau weiß, wie man Feedback einholen würde.

Und wenn die neue Maßnahme endlich startet, ist das Echo eher mau. Man hat so viel Arbeit investiert und nicht viel gewonnen. Schade.

Uns ist es wichtig, dass die Arbeitsumgebung insgesamt schön ist. Hohe Decken, weite Sicht, ansprechender Material-Mix. Auch das kostenfreie Restaurant, das in 3 Jahren noch keine Menüfolge wiederholt hat, ist ein konstanter Wohlfühl-Faktor.

Darüber hinaus machen wir etwa alle zwei Jahre „geheime“ Bespaßungsaktionen, wie unseren Betriebsausflug nach Mallorca, unser erstes Jahrbuch oder ein Wochenende Phantasialand mit Partnern und Kindern.

Da es keine gezielte Feel-Good-Abteilung gibt, kommen entsprechende Initiativen von überall aus dem Unternehmen. Fast allen Kollegen ist schon mal was eingefallen, was das Arbeitsleben angenehmer macht. Und wenn noch andere die Idee gut finden und mitmachen, setzen sie die Idee auch um.

Du willst deinen Hund mitbringen? Wir probieren aus, ob er genauso brav ist wie die anderen sechs Bürohunde. Wir wollen mehr Sport? Tagsüber pflegt Eugen Server, montags und mittwochs abends bietet er Freeletics im großen Konferenzraum an. Kollegen mit Kindern machen sich Sorgen, wer in den Ferien ihre Kinder betreut? Markus organisiert eine Ferienbetreuung bei uns im Haus. Jemand will ein Meetup hosten? Bitte, unser Restaurant ist abends leer. So gehe hin und hoste.

All diese Impulse sind da. Sie kommen von den Leuten selbst. Wir stehen der Umsetzung nicht im Weg und unterstützen mit Räumen, oft mit Verpflegung und manchmal mit Geld. Im Fall der Kinderbetreuung mit viel Geld.

Wenn sich für ein „Problem“ kein Verantwortlicher findet, dann ist es eben nicht schmerzhaft genug. Aber wenn sich ein Kümmerer findet? Dann passiert Magie. Die direkt Betroffenen finden die besten Lösungen.

Sigi.
Leicht zu begeistern.

16.
Keine Überstunden.

Fast alle Firmen haben heutzutage Vertrauensarbeitszeit. Wir haben uns explizit dagegen entschieden. Die Stempeluhr sticht bei uns wie ein Anachronismus hervor. So eine locker-flockige Firma mit Tischtennis, Kicker und Sitzsäcken und dann plötzlich eine Stempeluhr?

Manche Besucher vermuten dann, dass wir unsere Arbeitsweise so einladend gestalten, damit alle vergessen, nach Hause zu gehen, und sich gepflegt ausbeuten lassen. Wer die meisten Überstunden hat, „gewinnt".

Das Gegenteil ist der Fall. Wir wollen Probleme nicht mit Mehrarbeit übertünchen. Die Stempeluhr hilft uns dabei. Bei jedem Stempeln sieht man im Display der Uhr, ob man Über- oder Unterstunden hat. Solange man im Rahmen von +/- zehn Stunden bleibt, ist alles in Ordnung. Wenn jemand viele Überstunden schiebt, ist das ein Signal, dass wir uns eine Situation genauer anschauen und vielleicht etwas ändern müssen.

Die 40-Stunden-Woche ist nämlich wissenschaftlich untermauert. Henry Ford hat ausgetestet, dass Fabrikarbeiter so um die 40 Stunden produktive Zeit pro Woche in sich haben. Länger arbeiten führt nicht zu besseren Ergebnissen. Neuen Studien zufolge gilt das für Wissensarbeit sogar noch verstärkt.

Trotz der Stempeluhr haben wir keine Kernzeiten. Alle können kommen und gehen, wann sie wollen. Das ist für Arzt- und Frisörbesuche sehr praktisch. Nur mit dem eigenen Team muss man sich absprechen. Zum Stand-Up beispielsweise sollte man da sein, sonst wird es schwierig mit der Zusammenarbeit. (Einzige Ausnahme: Damit man jederzeit jemanden bei uns erreicht, wenn man auf der Support-Hotline anruft, verteilen sich die Teams hier auf zwei feste Schichten.)

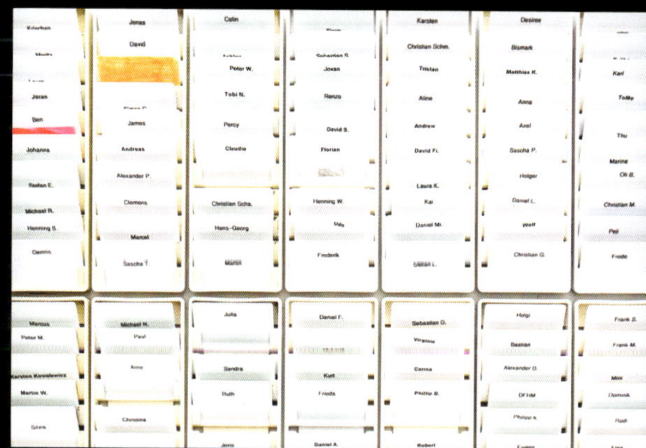

Wenn man sich mal verstempelt hat, kann man die Zeit einfach selbst in einem Webinterface korrigieren. Über das gleiche Interface kann man auch Urlaub eintragen, denn „genehmigt" wird der Urlaub nicht. Alle müssen selbst entscheiden, wann sie Urlaub nehmen möchten und dafür Sorge tragen, dass durch Abwesenheiten keine Probleme entstehen. Dazu genügt eine kurze Abstimmung mit dem eigenen Team. Es gibt übrigens 30 Tage Urlaub im Jahr. Immer. Für jeden.

Ab ins Grüne.
Durchatmen.

17.
Auszeit.

Die Grenzen zwischen Arbeit und Privatleben verschwimmen immer mehr. Viele Firmen und Chefs erwarten, dass man am Wochenende oder im Urlaub E-Mails liest und Anrufe annimmt. Wir nicht. Okay, die Leute mit den Notfall-Handys sollten auf die auch reagieren. Aber die Notfall-Handys rotieren und im Urlaub kriegt man das natürlich nicht.

Alle anderen? Mach keine Überstunden. Nimm deinen Urlaub. Wenn du einen Familien-Notfall hast, kümmere dich um den. Alles in Absprache, schon klar, aber deine Familie und Freunde sind hoffentlich noch da, wenn du den Job schon dreimal gewechselt hast. Die gehen vor.

Wir alle brauchen Zeit, um uns zu erholen. Für manche bedeutet das Teilzeit. Sprich das mit Deinem Team ab. Auf 32h/Woche kann man eigentlich immer reduzieren. Alles darüber hinaus braucht etwas mehr Rücksprache.

Für andere bedeutet das, blockweise nicht zu arbeiten. Wenn Dein Team das absegnet, sind kurze Sabbaticals möglich. Du willst in einem Jahr drei Monate durch Asien tingeln? Ist gebongt. Du bekommst dann ein Jahr lang nur ¾ Deines Gehalts ausgezahlt – neun Monate, in denen Du voll arbeitest und ansparst, drei Monate, in denen Du unterwegs bist. Gute Reise! Schick uns 'ne Karte.

Zählt Elternzeit auch als Auszeit? Egal, wir sprechen jetzt darüber: Nachwuchs und Elternzeit wird bei uns gefeiert.

Was könnte bitte wichtiger sein, als dein Baby in seinen ersten Monaten zu begleiten? Das schließt lange Elternzeiten bei Männern ausdrücklich mit ein. Wenn Du als Jungvater mehr als zwei Monate Elternzeit nimmst, bist du bei uns kein Exot.

Wir können für lange Elternzeiten gut planen, weil wir sie schon lange im Voraus wissen. Auch männliche Kollegen reichen ihre Elternzeit Monate im Voraus ein – lange bevor der gesetzliche Kündigungsschutz greift – weil sie sich keine Sorgen machen müssen.

Lustigerweise ist gerade dadurch, dass wir nicht mantraartig die Firma als das Wichtigste im Leben vorbeten, die Identifikation mit dem Unternehmen hoch. Verrückt.

SENNHEISER
Marianna.
Ganz sie selbst.

18.
Authentisch.

Manche Firmen hauen viel Geld für Employer Branding raus. Und wenn die Leute dann anfangen zu arbeiten, passt die Außendarstellung nicht zum Inneren.

Wir geben die Kohle lieber dafür aus, tatsächlich ein angenehmer Arbeitgeber zu sein. Statt ein Siegel „Top-Arbeitgeber“ zu kaufen, bieten wir Gleitzeit, Teilzeit und Kinderbetreuung in den Ferien an.

Wir hosten viele Konzerte, weil wir die Musik selber gerne hören und einfach gerne Gastgeber sind. Parties passen zu uns, darum gibt's ein Sommerfest. Und so gibt es bestimmt für jede Firma etwas, was zu ihr passt und was attraktiv nach außen wirkt.

Unser erstes Buch „24 Work Hacks“ hat sich im Nachhinein als tolles Employer Branding herausgestellt. Wir haben das Buch aber nicht aus diesem Grund geschrieben. Damals haben wir gar keine neuen Kollegen gesucht. Vielmehr wollten wir anderen einen Eindruck vermitteln, wie man fluffiger zusammenarbeiten kann.

sipgate ist inhabergeführt und es gibt keine externen Investoren. Wir waren auch immer profitabel. Das versetzt uns in die glückliche Lage, dass wir Sachen auch einfach mal „für'n Spass“ machen können. Unsere Abendveranstaltungsreihe Lean DUS begann so:

Wolf: „Wir haben da zwei tolle Trainer, die sind demnächst in Deutschland. Dann könnten wir bei denen 'nen Workshop zu UX buchen. Wird allerdings was teurer. Wenn die drei Tage zu zweit hier sind. So 15.000 Euro.“

Tim (Geschäftsführer): „Jo, klingt gut. Lass das mal machen. Und frag die mal, ob sie auch 'nen öffentlichen Vortrag machen würden.“

Das war der Anfang, sowohl von sehr vielen Inhouse-Workshops als auch der Lean DUS. Aus „wir probieren das mal“ wurde eine monatliche Veranstaltung, deren 300 Plätze immer sofort weg sind. Plus eine noch mal so lange Warteliste. Das ist toll für die Außendarstellung, doch die Daseinsberechtigung der Lean DUS ist Bildung, Wissen für alle und der Community in Düsseldorf etwas zurückzugeben.

Drive
Was Menschen wirklich motiviert: Autonomie, Können, Sinn

Smart & Gets Things Done
Präzise und praktisch: Wie man Entwickler einstellt – von Entwicklern geschrieben.

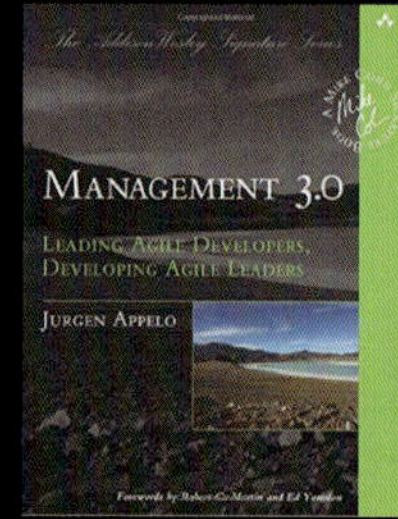

Management 3.0
Wissenschaftlich fundierte Management-Methoden – gut recherchiert und aufbereitet.

Joy, Inc.
Beschreibt wie Menlo Innovations arbeitet. Viele interessante Konzepte, z. B. ein Einstellungsprozess mit Massen-Probe-Tag.

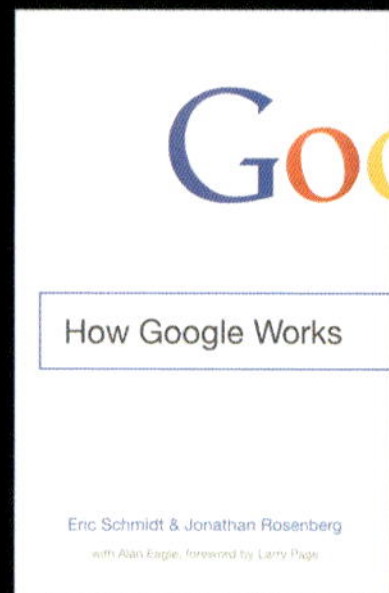

How Google Works
Dieses Buch unterstreicht, wie wichtig es ist, die richtigen Leute einzustellen. Sehr anschaulich und praxisnah erzählt mit Geschichten aus dem Alltag von Google.

Managing for Happiness
Glücklichere Organisationen sind produktiver und innovativer. Hier gibt's konkrete Praktiken und Werkzeuge, um dahin zu kommen.

The Four Steps to the Epiphany
Besonders interessant: Missionen als Grundlage für die gemeinsame Arbeit.

Rework
New York Times Bestseller der Basecamp-Gründer: Grundsätzliches für die Software-entwicklung von heute - knackig und kompakt.

Reinventing Organizations
Wie kann ein Unternehmen ganzheitlich, selbstorganisiert und sinnerfüllend sein? Evolutionäre Organisationsentwicklung auf den Punkt gebracht.

Rechts: Links.

Insgesamt einflussreich in Sachen Unternehmenskultur:
jobs.netflix.com/culture

Buffer hat uns inspiriert uns endlich mit Gehältern zu beschäftigen:
open.buffer.com/transparent-salaries/

Hier gibt's Details zu unserem Gehaltsmodell:
sipg.at/gehalt

Wer nicht direkt „Smart & Gets Things Done" lesen möchte, kann hier Blog-Artikel des Autors zu Hiring und Management antesten:
www.joelonsoftware.com/

Guter Überblick zu Arbeitszeiten und Produktivität – auf Englisch:
www.askspoke.com/blog/hr/40-hour-work-week/

Der Open Friday ist der Katalysator für ganz viel Organisationsentwicklung mit der gesamten Firma:
www.openfriday.org

Mehr zum Pairing in verschiedenen Rollen gibt es in unserem Blog:
www.sipgateblog.de/warum-alle-ux-designer-pairen-sollten/

Die Atmosphäre bei uns im Büro hat Ole Zapatka für uns eingefangen. Der einminütige Clip hat alles: Kinder, Küche, Kooperation.
www.vimeo.com/130524012

Du möchtest mal vorbeikommen und dir selbst ein Bild machen?
www.sipgate.de/besuch

Mehr Texte von Corinna Baldauf, die sich auch in ihrer Freizeit mit agilen Themen beschäftigt:
www.finding-marbles.com

Alle Fotos in diesem Buch sind von Oliver Tjaden, der uns begleitet und regelmäßig besucht. Herzlichen Dank!
www.olivertjaden.de

Ihr sucht eine neue Telefonanlage? Da haben wir was:
www.sipgateteam.de

Alles rund um unsere Bücher:
www.sipgate.de/workhacks

Du hast Fragen oder Feedback? Wir freuen uns drauf!
workhacks@sipgate.de

Padres
LEAGUE
ellesse

Über uns.
Wir sind sipgate.

sipgate gibt es seit 2004. Wir waren der erste deutsche VoIP-Anbieter und sind seitdem unterwegs auf der Schnittstelle von Internet und Telefonie. Wir bauen für hunderttausende Kunden innovative Festnetz- und Mobilfunkprodukte für zu Hause, unterwegs und das Büro.

Unser Grundstein wurde 1998 im Studentenwohnheim gelegt – mit zwei Mitarbeitern und dem Tarifvergleich „billiger-telefonieren.de". Heute sind wir 150 Kollegen und arbeiten in einem fantastischen Büro im Düsseldorfer Hafen zusammen daran, Privatpersonen und Unternehmen mit unseren Produkten das Leben einfacher zu machen. Ohne Investoren, durchgängig profitabel und mit klarem Blick nach vorn.

Warum es uns gibt: Hacking Telco.

Bessere Telefonie ist unser erklärtes Ziel. Die Produkte der etablierten Telefoniekonzerne stecken noch immer in den Achtzigern fest, sind langsam und limitiert. Unsere Produkte sind anders: persönlich, fair, ehrlich und offen. Alles gibt es online, alles gibt es sofort. Wir feilen immer weiter an Einfachheit und Bedienbarkeit.

Wie wir das machen? Radikales Do-it-yourself. Als Nerds und Designer, Geeks und Gestalter machen wir alles selbst. Obwohl wir für ein Telefonieunternehmen ein kleines Unternehmen sind, haben wir für IP, Festnetztelefonie und Mobilfunk eigene Netze in Deutschland.

Wir investieren mit Vollgas in unsere Telefonie-Plattform. Diese selbstgeschriebene Software ist der Schlüssel zu Dingen, die kein anderer Anbieter kann. SIM-Karten in der Telefonanlage? Einfach. Spanische Rufnummern zu Hause in Deutschland oder gar auf dem Handy? Kein Problem. Ein Anruf, alle Telefone klingeln? Aber klar doch.

Wie wir arbeiten: Hacking Work.

Wir sind lean und agil – mit ganzem Herzen. Keine Titel, keine Manager, keine Abteilungen, keine Gehaltsverhandlungen, keine Budgets, keine Überstunden, keine Angst. Stattdessen: Selbstverantwortung, Feedback, Lernen, Freiheit und Spaß – das ist es, was uns glücklich und gleichzeitig besser macht.

sipgate

Autoren	Tim Mois und Corinna Baldauf
Fotos	Oliver Tjaden (außer 08. klein)
Kunst	David Shrigley, „Not Nice“, 2013
Auflage	1. Auflage
ISBN	978-3-98-197970-1

Anschrift	sipgate GmbH Gladbacher Str. 74 40219 Düsseldorf
Website	www.sipgate.de/workhacks
Kontakt	workhacks@sipgate.de